Henrike Wilson

Drei Freunde

warten auf Weihnachten

Henrike Wilson

Drei Freunde
warten auf Weihnachten

Von Wundern, Weihnachtsgurken
und dem ganz normalen Trubel im Advent

Hanser

 HANSER hey! Schau vorbei und
teile dein Leseglück auf Instagram

1. Auflage 2023

ISBN 978-3-446-27721-2
© 2023 Carl Hanser Verlag GmbH & Co. KG, München
Umschlagillustration: Henrike Wilson
Satz im Verlag
Druck und Bindung: PNB Print Ltd., Silakrogs
Printed in Latvia

MIX
Papier | Fördert
gute Waldnutzung
FSC® C084698

Inhalt

1

Das Frau-Holle-Experiment

Es dämmert schon am oberen Ende der Welt, ganz hoch im Norden. Eine klirrende Kälte liegt in der Luft, und über allem liegt ein Zauber.

In dem kleinen Haus, umgeben von hohen Tannen, wohnt der Weihnachtsmann. Genauer gesagt: der Weihnachtsmann und sein Freund, der kleine Fuchs. Natürlich wohnt auch das Rentier des Weihnachtsmanns hier – gleich nebenan im Stall.

Im Ofen glimmt das letzte Stück Holz. Der Weihnachtsmann blinzelt unter seiner dicken Bettdecke hervor: »Ho, ho! Heute ist der 1. Dezember, bald ist Weihnachten! Ob es schon geschneit hat?«

Vergnügt springt er aus dem Bett, öffnet die Fensterläden und schaut neugierig nach draußen.

»Ui, eine Eiseskälte, aber kein Flöckchen Schnee. Hmm ... So geht das nicht, ganz und gar nicht!«

Plötzlich hat er aus heiterem Himmel einen genialen Einfall: »Winterkälteklar! Zeit für das das Frau-Holle-Experiment!«

Eilig holt der Weihnachtsmann sein dickes, schweres Federbett und hängt es zum Fenster heraus. Er schüttelt mit ganzer Kraft, bis es um ihn herum nur so wirbelt.

»Haha!«, ruft er freudestrahlend. »Das wurde auch Zeit! Es wird weiß!«

Der Weihnachtsmann schließt die Augen und malt sich allerhand aus: *Wenn der Schnee hoch genug liegt, baue ich einen Schneemann oder eine Schneefrau oder ein Iglu oder –*

»Hey, Weihnachtsmann, was machst du denn da?«, fragt der kleine Fuchs verblüfft und reißt den Weihnachtsmann aus seinen Gedanken, der seine Augen wieder öffnet.

Der ganze Hauseingang ist voller Federn!

»Oha! Das Frau-Holle-Experiment hat wohl doch nicht funktioniert. Offenbar kann nicht jeder Federn in Schnee verwandeln wie Frau Holle.« Er beginnt so laut zu lachen, dass es ansteckend ist.

Aber irgendwann heißt es Aufräumen. Der Weihnachtsmann zieht seinen dicken roten Mantel und seine wärmsten Stiefel an und schnappt sich tatkräftig den Besen. Mit den Gedanken ist er schon wieder ganz woanders ...

2

Oje, du Tannenbaum

In der Nacht hat es endlich geschneit. Jede Menge!

Der kleine Fuchs und der Weihnachtsmann sitzen am Frühstückstisch. Das Brot ist noch warm, und die selbst gemachte Brombeermarmelade schmeckt herrlich nach Sommer.

»Heute mache ich mich ganz früh auf die Socken«, sagt der Weihnachtsmann.

»Gleich nach dem Frühstück gehe ich in den Wald und suche einen Tannenbaum aus. Und zwar den allerschönsten! Kommst du mit?«

»Auf keinen Fall!«, antwortet der kleine Fuchs. »Viel zu anstrengend. Ich rolle mich lieber auf dem Ohrensessel ein und halte einen Vormittagsschlaf.«

»Wie du willst, kleiner Faulpelz«, sagt der Weihnachtsmann und stiefelt in den Schuppen, um Säge und Schlitten zu suchen.

Die Sonne scheint, und der Weihnachtsmann stapft, beglückt vom Anblick des verschneiten Waldes, vor sich hin. Unterwegs sieht er die unterschiedlichsten Tannenbäume.

»Hmm, du bist zu groß, das könnte schwierig werden ... und du zu klein. Ach je, und du bist ja ganz schief!« Der Weihnachtsmann wandert tiefer in den Wald. Es hat wieder angefangen zu schneien. Oje, das verheißt nichts Gutes. Er sieht nicht sehr viel in diesem herumwirbelnden Weiß, aber kurze Zeit später steht der Weihnachtsmann vor einem Baum, der ihn strahlen lässt.

»Passender könntest du nicht sein für unser Häuschen«, murmelt er, greift nach seiner Säge und macht sich an die Arbeit.

»Brrr, bitterkalt, nun aber schnell nach Hause«, grummelt er, als er endlich fertig ist. Er packt den Tannenbaum auf den Schlitten und schaut sich um. Nanu, wo ist der Weg? Die Fußspuren des Weihnachtsmanns sind längst zugeschneit.

»Verflixt, aus welcher Richtung bin ich nur gekommen?« Alles sieht so gleich aus. »Du liebes bisschen, was mache ich denn jetzt?« Schließlich entscheidet sich der Weihnachtsmann für eine Richtung und marschiert los.

»Hoffentlich finde ich den Weg bald wieder ...«

Aber leider kann er kaum etwas erkennen, bei diesem Schneegestürme. Beharrlich zieht der Weihnachtsmann seinen Schlitten weiter.

Und plötzlich entdeckt er Spuren im Schnee! Riesige! Vielleicht ist ein Bär oder ein Elch in der Nähe?

Er sieht genauer hin: Aber das sind ja ... Fußabdrücke und eine Schlittenspur!

»Moment mal ... Potz Blitz, ich bin im Kreis gegangen!«

»Hey, Weihnachtsmann, hast du dich verlaufen?«, ruft da eine Stimme völlig unerwartet.

Der Weihnachtsmann schaut sich um. Über ihm im Geäst sitzt ein Eichhörnchen.

»Ich helfe dir, ich kenne eine Abkürzung zu deiner Hütte, querfeldein. Mir nach!«, brüllt es gegen den stürmenden Wind.

»Oh, was für ein Glück!«, brüllt der
Weihnachtsmann zurück.

Flink springt das Eichhörnchen von Ast
zu Ast voran. So flink, dass der Weihnachtsmann sich beeilen muss, ihm zu folgen. Laut
schnaufend wühlt er sich durch den hohen
Schnee.

»Nicht so schnell!«, japst er.

Nach einer Weile erreichen sie mit triefenden Nasen die Hütte des Weihnachtsmanns.

»Willst du mit reinkommen? Drinnen ist der Ofen an, und ein paar Nüsse
finden wir bestimmt auch noch für dich.«

Das durchgefrorene Eichhörnchen überlegt nicht lange, und – schwups! –
ist es im Haus verschwunden.

3

Adventskranzbinderei

»Na, der Tag geht ja schon gut los«, brummt der Weihnachtsmann. Eigentlich wollte er erst einmal gemütlich einen Kaffee trinken. Stattdessen erblickt er einen ungeheuren Haufen Stroh, Tannenzweige und Draht auf dem Tisch. Das Eichhörnchen – das beschlossen hat, länger zu bleiben – und der kleine Fuchs haben das Gestrüpp in aller Frühe aus dem Stall und aus dem Wald angeschleppt.

»Wir wollen einen Adventskranz binden!« Voller Freude und mit leuchtenden Augen sitzen sie da und tüfteln. »Damit wir am 1. Advent eine Kerze anzünden können – viel Zeit bleibt nicht mehr.«

Na prima! Der Weihnachtsmann kratzt sich am Kopf. »Eine gute Idee, aber muss das unbedingt sofort sein?«

»Klar, wann sonst, Weihnachtsmann! Jetzt, auf der Stelle!«

Doch Eichhörnchen und Fuchs scheinen nicht so richtig zu wissen, wie sie anfangen sollen. Alles fällt immer wieder auseinander.

Erwartungsvoll schauen sie den Weihnachtsmann an.

»Na gut, dann helfe ich euch ein wenig, so als Bastel-Fachmann. Macht mal Platz.« Der Weihnachtsmann stellt seine Kaffeetasse ab.

»Am besten ziehen wir Handschuhe an, damit es nicht so pikt, und dann kann's losgehen.« Er setzt sich an den Tisch.

»Erst binden wir einen Strohkranz«, erklärt er, »und um den wickeln wir dann später die Tannenzweige. Zum Schluss wird alles geschmückt.«

Eichhörnchen und Fuchs sind mit Eifer dabei. Sie halten das Stroh in ihren kleinen Pfoten und wickeln und binden emsig.

Aber so richtig rund will der Kranz nicht werden. Er hat eher die Form eines Eies. Also noch mal ... hier was dran, dort was dran ... jetzt ist der Kranz zu dick. Also hier was weg und da was weg ... jetzt ist der Kranz zu dünn.

»Nein, so kann das nicht bleiben! So sieht doch kein Adventskranz aus!« Der Weihnachtsmann lässt nicht locker, bis der Strohkranz gleichmäßig schön und rund ist.

»Das dauert ja ewig!« Eichhörnchen und Fuchs haben langsam keine Lust mehr.

Als endlich ein schön geschwungener, runder Strohkranz auf dem Tisch vor ihnen liegt, ist bei Eichhörnchen und Fuchs die Luft längst raus.

»FERTIG!«, verkünden sie.

»Wie? Was? Fertig? Was soll denn das bitte heißen?«, ruft der Weihnachtsmann erstaunt. »Ihr wollt mich damit doch nicht ernsthaft alleine lassen? Der Kranz ist überhaupt noch nicht fertig. Da fehlt doch noch das Grün, herrjemine!«

»Können wir den nicht einfach so lassen, wie er ist, Weihnachtsmann, ohne Grün?«, fragt das Eichhörnchen.

»Genau, der ist doch hübsch so, ganz aus Stroh«, beteuert der Fuchs.

»Meint ihr?«, fragt der Weihnachtsmann verunsichert. Er sieht nach dem ganzen Gebinde und Gefriemel ganz schön geschafft aus. »Aber wenn wir am 1. Advent ein Licht anzünden wollen, müssen zumindest noch Kerzen drauf. Und noch ein bisschen was drum herum. Sonst ist der Kranz zu nackig.«

Das stimmt. Eichhörnchen und Fuchs hüpfen vom Tisch und flitzen durchs Haus auf der Suche nach geeignetem Kranzschmuck. Sie finden Nüsse, kleine Zimtstangen, ein paar getrocknete Orangenscheiben, Kerzen und Bänder.

Ruckzuck sind sie wieder da.

Der Weihnachtsmann hat inzwischen aufgegeben und legt die grünen Zweige beiseite. »Ach, egal, das Rentier freut sich sicher über die frischen Tannenzweige, und wir haben dieses Jahr mal einen schlichten Kranz aus Stroh.«

»Super Idee, wir füttern das Rentier!«

Aber ehe Fuchs und Eichhörnchen Richtung Stall verschwinden, verzieren sie den Kranz noch mit allem, was sie zusammengetragen haben.

Und der Weihnachtsmann?

Der kocht sich einen frischen Kaffee und betrachtet das neue Adventskranz-Design. Und muss dabei ein wenig schmunzeln.

4

Ein Schlafplatz für das Eichhörnchen

Auf dem Ohrensessel liegt ein dickes Fellknäuel. Übereinandergestapelt schlafen Fuchs und Eichhörnchen noch tief und fest, als der Weihnachtsmann ruft: »Aufwachen, ihr Langschläfer!« Er krault den beiden durch den Pelz, bis sie träge die Augen öffnen.

»Mittagessen ist fertig«, verkündet der Weihnachtsmann. »Wie kann man nur sooo lange schlafen?«

»Von schlafen kann nicht die Rede sein«, gähnt der Fuchs, während er sich streckt und reckt. »Das Eichhörnchen macht sich viel zu breit. Andauernd bin ich vom Sessel gerutscht.«

»Stimmt gar nicht«, beschwert sich das Eichhörnchen, das nun auch wach ist.

»*Ich* konnte kaum schlafen, weil der Fuchs immer alle viere von sich streckt und außerdem schnarcht.«

»Ich schnarche überhaupt nicht!«

»Wenn das Eichhörnchen bei uns bleibt, müssen wir uns wohl etwas überlegen«, meint der Weihnachtsmann. »Jetzt wird aber erst einmal Mittag gegessen, und dann sehen wir weiter.«

»Hmm, Kastanienauflauf mit Preiselbeeren«, freut sich der Fuchs und reckt schnüffelnd die Schnauze in die Luft. »Mein Lieblingsessen!«

Und dann sitzen sie am Tisch und erzählen und quasseln, futtern und mampfen. Bis sie pappsatt sind.

»Und nun machen wir uns auf, einen Schlafplatz für das Eichhörnchen zu suchen«, schlägt der Weihnachtsmann vor. »Wie wäre es mit der Kartoffelkiste in der Speisekammer? Da ist es warm, und in der Kiste ist genügend Platz.«

»Kartoffelkiste? Nie im Leben. Das ist viel zu unbequem und staubig obendrein«, lehnt das Eichhörnchen ab.

»Und was hältst du von der Schuhkiste im Flur?«, fragt der Weihnachtmann. »Oder von meinen schönen großen Stiefeln? Da drin wäre auch ausreichend Platz. Und kuschelig sind sie außerdem, mit den weichen Schaffell-Einlagen.«

»Nicht dein Ernst!«, das Eichhörnchen ist empört. »In dem Mief soll ich schlafen?«, sagt es bei dem Gedanken an die Stinkestiefel des Weihnachtsmanns. »Nein, nein, nein!«

Alle sind etwas ratlos, als der Weihnachtsmann urplötzlich ruft: »Ich hab's! Mir nach!«

Fuchs und Eichhörnchen folgen ihm in den Schuppen

Dort greift der Weihnachtsmann nach seinem Zollstock und nimmt Maß. Fuchs und Eichhörnchen werden ausgemessen, von den Ohren bis zu den Pfoten.

Die beiden wundern sich nicht schlecht. Was hat der Weihnachtsmann bloß vor?

Anschließend müssen sie ihm Holz, Säge, Hammer und Nägel anreichen.

»Was werkelst du denn da?«, fragen sie.

Doch der Weihnachtsmann will nichts verraten. »Lasst euch überraschen, es wird euch bestimmt gefallen!«

Es braucht eine ganze Weile, bis sie erkennen, was der Weihnachtsmann da gezimmert hat: »Ein Stockbett!«, rufen Eichhörnchen und Fuchs.

»Aber ich schlafe oben!«, sagt der Fuchs entschieden.

Das ist dem Eichhörnchen einerlei. Es ist überglücklich über so einen schönen Schlafplatz bei Fuchs und Weihnachtsmann!

5

Backtag mit Nikolaus

Der Weihnachtsmann ist bester Dinge. »Heute wird gebacken. Lebkuchen!
Lecker! Die esse ich für mein Leben gern! Alles, was wir brauchen, haben wir in
der Vorratskammer: Mehl und Zucker, Butter, Eier, Honig, gemahlene Mandeln
und Haselnüsse – und natürlich Lebkuchengewürz. Ohne Lebkuchengewürz
keine Lebkuchen!«

Er krempelt die Ärmel hoch, mischt alles in einer großen Schüssel
und knetet, was das Zeug hält. Denn das ist das Wichtigste, gut kneten!

Eichhörnchen und der kleine Fuchs sehen interessiert zu, wie der
Weihnachtsmann ins Schwitzen gerät.

»Das sieht ganz schön anstrengend aus. Wird das auch was?«, fragt der kleine Fuchs.

»Natürlich wird das was. Lebkuchen hab ich drauf!« Der Weihnachtsmann arbeitet konzentriert weiter.

Nachdem er genug geknetet hat, rollt er den Teig aus. Eichhörnchen und Fuchs dürfen Sterne und Herzen ausstechen. Anschließend kommt das Blech in den vorgeheizten Ofen.

Da bimmelt die Glocke an der Haustür.

»Oh!«, ruft der Weihnachtsmann überrascht aus. »Wer kann das sein?«

Vor der Tür steht der Nikolaus.

»Nanu, Nikolaus, du hier? Heute schon?«

»Ach, Weihnachtsmann, kannst du mir dein Rentier borgen? Mein Esel hat keine Lust. Und heute Nacht muss ich los, wie du weißt.«

»Na so was aber auch.« Der Weihnachtsmann schlägt die Hände zusammen. »Selbstverständlich helfe ich dir, keine Frage!«

Gemeinsam gehen sie in den Stall, um nach dem Rentier zu sehen.

Bevor es losgehen kann, braucht das Rentier natürlich Wasser und Stroh und muss aufgezäumt werden. Nikolaus und Weihnachtsmann wuseln umeinander und um das Rentier herum.

Plötzlich sagt der Nikolaus: »Es riecht so eigenartig. So –«

»ANGEBRANNT!«, brüllt der Weihnachtsmann. »Zum Donnerwetter!«
Er stürmt in die Küche, aber die Lebkuchen sind schon schwarz wie die Nacht.

»Fenster auf!«, rufen Eichhörnchen und Fuchs. »Was für ein Gestank!«

»Ach du meine Güte«, sagt der Nikolaus, der mittlerweile auch in der verqualmten Küche steht. »Es tut mir so leid! Das war ich, mit meiner Rentier-Ablenkung. Wie kann ich das bloß wiedergutmachen?«

Der Nikolaus überlegt. »Habt ihr ein paar Äpfel da?«

Nun ist es der Nikolaus, der in der Küche herumwirbelt, denn er kennt ein wunderbares Bratapfel-Rezept.

Nach kurzer Zeit duftet es herrlich nach Vanille, Zimt und Nüssen. Als die Äpfel im Ofen sind, klingelt es erneut an der Tür.

Nicht schon wieder, denkt der Weihnachtsmann.

Draußen steht das aufgezäumte Rentier.

»Ihr habt mich wohl vergessen, was?« Es schnüffelt in den Flur hinein. »Hier riecht es aber köstlich! Darf ich reinkommen?«

Und dann sitzen alle gemeinsam um den Tisch: der Weihnachtsmann, der Nikolaus, das Eichhörnchen, der Fuchs und das Rentier, und genießen die köstlich warmen, vanilligen Äpfel.

6
Nikolausstiefel-Streitigkeiten

Eilig kommt der Weihnachtsmann die Treppe heruntergepoltert.
»Heute ist der 6. Dezember! Mal sehen, was der Nikolaus uns in
den Stiefel gesteckt hat!«

Denn der Weihnachtsmann hat am Abend zuvor einen Stiefel
vor die Tür gestellt. Einen GROßEN Stiefel für alle drei.

Als der Weihnachtsmann die Haustür voller Freude aufreißt, ist er verzückt! Der Schuh ist prall gefüllt mit allem, was man sich in einem Nikolausstiefel wünscht.

»Oh, köstlich!« Der Weihnachtsmann schnappt sich den Stiefel und eilt nach drinnen.

»Lecker, Nüsse«, freut sich das Eichhörnchen.

»Orangen und Äpfel!« Der Fuchs lacht.

»Plätzchen und Schokoladenkringel!«, ruft der Weihnachtsmann und klatscht in die Hände. »Wir teilen, ganz gerecht.« Er beginnt zu sortieren und zu zählen: »Eins, zwei, drei ... eine Orange für jeden. Eins, zwei, drei ... ein Apfel für jeden. Eins, zwei, drei ... ein Lebkuchenherz für jeden. Eins, zwei ... NANU? Es fehlt ein Schokoladen-Nikolaus!«

Das Beste im Stiefel überhaupt! Der große Schoko-Nikolaus mit bunten Glitzerperlen als Bart und Knisterschokolade als Mütze. Die auf der Zunge so schön prickelt. Das gibt's nur am Nikolaustag.

Die drei schauen sich an.

»Was machen wir jetzt?«

Teilen? Wohl kaum. Alles würde zerbröckeln und zerbröseln.

Verzichten? Schön und gut, aber WER?

Und da geht's los: Sie fangen an zu zanken und werfen sich Schimpfwörter an den Kopf: Süßigkeitenmopser, Nikolaus-Alleinemampfer, Schokoknister-Knalltüte …

Jeder will unbedingt einen der beiden Schoko-Nikoläuse ganz für sich haben.

»Jetzt ist aber mal Schluss!«, sagt der Weihnachtsmann. Weil er denkt, dass es ziemlich blöd ist, wegen eines Schoko-Nikolauses so zu streiten.

Da hören sie, in der plötzlichen Stille, ein Röhren aus dem Stall.

»Das Rentier, es ist wieder da!«, ruft der Weihnachtsmann.

Eichhörnchen und Fuchs rennen voraus in den Stall.

Der Weihnachtsmann packt schnell und heimlich die beiden Schoko-Nikoläuse in seine Manteltasche.

Im Stall angekommen, umarmt er das Rentier. »Toll gemacht! Schau mal, was ich dir für deinen Super-sonder-Nikolaus-Einsatz mitgebracht habe.« Er reicht dem Rentier die beiden Schoko-Nikoläuse.

Eichhörnchen und Fuchs gucken sich überrascht an.

Und das Rentier freut sich ein Loch in den Bauch.

7

Weihnachtsüberraschungskarten

Der kleine Fuchs und das Eichhörnchen sind schon lange wach.

Aber dem Weihnachtsmann ist gar nicht wohl. Ob er zu viel von den Süßig-keiten gegessen hat, die im Stiefel gesteckt haben? Sein Bauch zwickt und zwackt, ihm ist ganz flau. Er mag heute einfach nicht aufstehen.

Da schauen Fuchs und Eichhörnchen ins Zimmer. »Weihnachtsmann, warum dauert das denn heute so lange? Gibt's kein Frühstück?«

»Ohhhh, ahhhh«, stöhnt der Weihnachtsmann. »Ich glaube, ich habe mir den Bauch mit Nikolaus-Süßigkeiten verdorben. Mir ist ganz elend zumute.«

Da flitzen Eichhörnchen und Fuchs davon.

Das Eichhörnchen bringt die Wärmflasche und einen Eisbeutel für die Stirn. Der Fuchs kocht Kamillentee und holt den Zwieback aus der Vorratskammer.

»Oje«, seufzt der Weihnachtsmann, »heute wollte ich doch die Weihnachtskarten verschicken, die unten im Schrank liegen, es ist allerhöchste Zeit.«

»Keine Sorge, Weihnachtsmann, ruh dich aus. Wir kümmern uns um alles!« Eichhörnchen und Fuchs huschen aus dem Zimmer.

Der Weihnachtsmann knabbert ein bisschen am Zwieback und schlürft ein wenig Tee. Dann schläft er den lieben langen Tag.

Als er wieder wach wird, geht es ihm schon viel besser. Er lauscht. Warum ist es denn so ruhig im Haus?

Noch etwas wackelig auf den Beinen, geht er nach unten.

Eichhörnchen und Fuchs sitzen in größter Eintracht am Tisch und malen.

»Weihnachtsmann, da bist du ja wieder! Geht es dir besser? Schau, wie viel wir schon geschafft haben!« Eichhörnchen und Fuchs sind äußerst zufrieden. In alle Karten haben sie ein Bild von sich selbst und vom Weihnachtsmann gemalt, wie eine Art Unterschrift.

Erschrocken betrachtet der Weihnachtsmann den Stapel: »Aber das sind ja Osterkarten!«

Fuchs und Eichhörnchen drehen die Karten um. Auf der Vorderseite ist ein kleiner Osterhase abgebildet. »Die lagen im Schrank, so wie du es gesagt hast.«

Der Weihnachtsmann öffnet die Schranktür und greift oben in ein Fach. »Die habe ich gemeint, die mit den Tannenbäumen und Rentieren.«

»Oh, da haben wir in der Eile wohl die falschen Karten gegriffen«, erklärt das Eichhörnchen.

»Und was machen wir jetzt?«, fragt der Weihnachtsmann. »Ihr habt sie ja alle so schön bemalt.«

»Ich glaube, ich habe eine Idee«, ruft der kleine Fuchs und greift nach rotem Papier, weißer Watte und Kleber. Er schneidet, klebt ... und schon hat der kleine Osterhase eine Weihnachtsmütze auf dem Kopf und steht inmitten von herabfallendem Watte-Schnee.

»Großartig!«, ruft der Weihnachtsmann. »Das sind die schönsten Weihnachtskarten überhaupt! Richtige Weihnachtsüberraschungskarten!«

8

Die Gleitschuh-Idee

»Heute wird ein wunderschöner Tag, ihr Lieben, heute unternehmen wir etwas. Was haltet ihr von Schlittschuh laufen auf dem Weiher?«

»Ist das denn nicht gefährlich?«, fragt das Eichhörnchen ängstlich.

»Doch nicht hier, so weit im Norden. Da friert das Eis so dick, wie unser Haus hoch ist. Da könnte eine ganze Herde Elefanten drüberlaufen, kein Problem.«

»Aber wir haben doch gar keine Schlittschuhe«, bemerkt der Fuchs.

»Na, dann bauen wir eben was zum Rutschen«, meint der Weihnachtsmann. »Kennt ihr Gleitschuhe?«

»Nö«, antworten Fuchs und Eichhörnchen.

»Lasst euch überraschen! Im Schuppen haben wir bestimmt alles, was wir brauchen«, sagt der Weihnachtsmann.

Eichhörnchen und Fuchs sind gespannt, was der Weihnachtsmann vorhat.

Im Schuppen nimmt der Weihnachtsmann zwei leere Konservendosen aus dem Regal und halbiert sie mit einer Kneifzange. »Jetzt habe ich vier Kufen. Nun wird gehämmert, bis das Blech schön glatt geklopft ist ... Dann gepolstert, gebogen, gelocht, eine Kordel durchgezogen und festgebunden!« Stolz präsentiert er die fertigen Schuhe. »Die schicksten Gleitschuhe weit und breit, was meint ihr?«

»Ui!«, rufen Fuchs und Eichhörnchen. »Die sehen super aus! Was man aus ein paar platt gehauenen Dosen so alles machen kann!«

Der Weihnachtsmann schnappt sich seine Schlittschuhe, und schon geht es ab an den Weiher. Fuchs und Eichhörnchen können es kaum erwarten, ihre neuen Gleitschuhe auszuprobieren.

Als sie ankommen, sind sie sehr überrascht:
Auf dem zugefrorenen Weiher ist schon mächtig
was los.

   Fuchs und Eichhörnchen ziehen ihre neuen
Gleitschuhe an und gleiten los. Das klappt großartig!
Sie segeln über das Eis.

   »Ich will auch mal!«, ruft der Bär. Da darf er die Schuhe vom Fuchs leihen.

Er bindet sie sich unter seine dicken Tatzen und
schlittert los. Er hat den Spaß seines Lebens.

»Ich will auch!«, ruft der Elch.

Und so wechseln sie sich munter ab, und alle
kommen mal dran, einer nach dem anderen.

Nur der Weihnachtsmann gibt seine Schlittschuhe
nicht her. Er will selber üben. Mit diesem Rumgerutsche
kann es ja so nicht weitergehen ...

Den halben Tag schlittern, gleiten und stolpern die Freunde auf dem zugefrorenen Eis umeinander. Es ist ein Heidenspaß! Funkeln da etwa schon die ersten Sterne? Jetzt ist es wohl bald Zeit, nach Hause zu gehen.

»Zum Schluss«, ruft der Weihnachtsmann bestens gelaunt, »gibt's noch eine Polonaise.« Au ja! Da sind alle dabei!

Nach einer großen Runde über das Eis verabschieden sie sich voneinander. Aber nicht, ohne vorher zu beschließen, diesen Spaß bald zu wiederholen!

»Was für ein unvergesslich schöner Tag«, sagen der kleine Fuchs und das vor Kälte zitternde Eichhörnchen. Und das alles haben sie dem Weihnachtsmann zu verdanken und seiner tollen Gleitschuh-Idee!

9

Geheimsache

Den ganzen Vormittag über ist der Weihnachtsmann nicht zu sehen. Besorgt fragen sich Eichhörnchen und Fuchs, ob er wieder krank ist?

Sie klopfen an seine Zimmertür. »Weihnachtsmann, alles in Ordnung?«

»Jaja«, ertönt es hinter der Tür sehr munter. Kurz streckt der Weihnachtsmann den Kopf heraus. »Alles in bester Ordnung!«

»Was machst du denn da?«, fragen die beiden neugierig.

»Große Geheimsache«, antwortet der Weihnachtsmann und schließt ganz schnell wieder die Tür, bevor sie auch nur einen Blick ins Zimmer hineinwerfen oder noch mehr Fragen stellen können.

Eichhörnchen und Fuchs stehen verdattert da. Sehr seltsam.

»Lass mich mal auf deine Schultern klettern, Fuchs. Vielleicht kann ich durch das Schlüsselloch schauen«, flüstert das Eichhörnchen.

Es späht durch das Schlüsselloch, doch leider ist nichts zu sehen. Weil der doofe Schlüssel steckt.

Sie legen ihre Lauscher an die Tür, aber es ist nichts Besonderes zu hören. Im Gegenteil, es ist mucksmäuschenstill.

Was macht er nur, hinter verschlossener Tür? Was für ein Geheimnis soll das sein?

»Wahrscheinlich plant er irgendeine supertolle Erfindung«, vermutet der Fuchs.

»Oder er bastelt etwas«, rät das Eichhörnchen.

Ihre Neugier lässt ihnen keine Ruhe.

»Wir könnten auf die alte Tanne vorm Haus klettern und durchs Fenster blicken«, schlägt der Fuchs vor.

Eine brillante Idee, findet das Eichhörnchen, und so huschen sie durchs Haus, hüpfen durch den Schnee und klettern flink die Tanne hoch. Zumindest das Eichhörnchen.

Für den Fuchs hingegen ist das mit dem Klettern nicht so leicht. Er müht sich ab und kommt über die alte zugeschneite Schubkarre nicht hinaus. Von da aus kann er leider gar nichts sehen.

»Erkennst du was, Eichhörnchen?«, fragt er gespannt.

Das Eichhörnchen sitzt schon im Wipfel und macht einen langen Hals. Doch sehen kann es nicht viel. Es reckt und streckt sich noch ein bisschen mehr in Richtung Fenster.

Bis es schließlich, und das war nicht anders zu erwarten, von oben herab in den Pulverschnee plumpst.

Brrrr, ist das frostig kalt! Das Eichhörnchen klopft sich den Schnee aus dem Pelz.

Da geht plötzlich die Haustür auf, und der Weihnachtsmann kommt heraus. Er lacht aus vollem Leibe. »Da kommt meine Handwerkskunst ja genau zur richtigen Zeit!«

In den Händen hält er einen selbst gestrickten Wollpullover. Einen kleinen tannengrünen, mit Schneeflocken drauf.

»Fürs Eichhörnchen! Von nun an wird nie mehr gefroren! Beim Gleitschuhlaufen und auch sonst nicht.« Der Weihnachtsmann grinst von einem Ohr zum anderen. »Und für den Fuchs, aus Restwolle, noch Söckchen. Mein Meisterwerk!«

Damit hatten Eichhörnchen und Fuchs überhaupt nicht gerechnet und probieren die kuscheligen Sachen sofort an.

Socken und Pullover sind vielleicht etwas zu groß geraten – aber herrlich warm sind sie! Und damit sind das Eichhörnchen und der Fuchs die schicksten Tiere im ganzen Wald, findet der Weihnachtsmann.

10

Baumschmuck-Winzigkeit

Schnee, Schnee und noch mehr Schnee. Ganz eingeschneit ist die kleine Hütte.

»Heute ist Baumschmuck-Basteltag!«, verkündet der Weihnachtsmann.

Der kleine Fuchs und das Eichhörnchen spielen gerade Fangen und sausen wild herum.

»Na, mit euch kann ich wohl nicht rechnen, was?« Der Weihnachtsmann schlurft in die Stube und kramt in Schränken und Schubläden nach geeignetem Bastelmaterial.

»Was haben wir denn da?« Er holt eine Bastelschere hervor. »Na, die brauche ich auf jeden Fall. Und hier ist goldglänzende Folie – schön weihnachtlich! Und etwas Watte – sehr geeignet. Was versteckt sich denn da hinter dem Karton? Filz!

Kann man immer gebrauchen. Und da, etwas Draht –
auch nicht schlecht! Klebstoff und, puh, alte Stinkesocken,
und hier Geschenkband in allen Farben …«
Der Weihnachtsmann entdeckt viel Nützliches und Unnützes,
das sich bald auf dem Tisch türmt, sodass kaum noch Platz ist.
»Jetzt geht's aber mal los!«, ruft er vergnügt. Er hat eine
ziemlich genaue Vorstellung davon, was er basteln will.
»Zuerst nehme ich Stroh, jetzt das bunte Band …
dann wird gewickelt … Nun brauche ich die
Schere, die Goldfolie … etwas Glitzer wäre
noch schön zum Verzieren. Das Seidenpapier
nicht zu vergessen …« Er summt und pfeift
und bastelt fröhlich vor sich hin.
Doch nach einer Weile beginnt der Weihnachtsmann leise zu grummeln, dann schimpft er.
Fuchtelt hektisch herum. Nichts klappt! Jeden-
falls nicht so, wie er sich das gedacht hat!
»Ach Mist, also wirklich … Das ist doch …
Verflixt und zugenäht …« Seine Ohren sind
schon ganz rot vor lauter Aufregung.
Aber hingeschmissen wird nicht!
Da hilft nur UMDENKEN!

Fuchs und Eichhörnchen haben mit dem Fangenspielen aufgehört. Neugierig schauen sie nach, womit der Weihnachtsmann die letzten Stunden verbracht hat.

Der ist nun endlich fertig mit seinem Weihnachtsbaumschmuck. Mächtig stolz betrachtet er sein Werk.

Er läuft nach draußen, holt den Weihnachtsbaum herein und stellt ihn in den alten Baumständer. Ganz schön piksig, so ein Nadelbaum!

Zufrieden lächelnd hängt er seinen selbst gebastelten Anhänger an die Tanne.

Eichhörnchen und Fuchs schauen sich an.

Der Weihnachtsmann macht einen Schritt zurück und meint: »Noch etwas spärlich geschmückt, unser Baum. Aber das ist ja erst der Anfang!«

11

Gähnende Langeweile

Der Fuchs schaut aus dem Fenster. Es schneit und schneit.
»Ach«, jammert er, »was für ein superlangweiliger
Morgen.« Er gähnt und hat die schlechteste Laune, die
man sich vorstellen kann.
Aber der Weihnachtsmann und das Eichhörnchen
sind zu beschäftigt und merken davon nichts.
Der Weihnachtsmann ist noch erschöpft
vom Basteltag und will nur seine Zeitung lesen.
Und das Eichhörnchen bastelt weitere Anhänger für
den Weihnachtsbaum.
Der Fuchs schlurft zum Weihnachtsmann, der im Ohrensessel sitzt.
»Wollen wir was zusammen machen?«, fragt er ihn.

Aber der Weihnachtsmann möchte gerade einfach nur lesen.

»Eichhörnchen, wollen wir was zusammen machen?«, fragt der Fuchs.

Das Eichhörnchen will gerade einfach nur basteln. »Du kannst mir helfen«, schlägt es vor.

Aber darauf hat der Fuchs überhaupt keine Lust. Er klettert zurück auf seinen Stuhl und schaut wieder aus dem Fenster.

Nichts als Schnee.

Je länger er den herabfallenden Schnee betrachtet, umso mehr will er sich hineinbegeben in die tanzenden Flocken.

»Ich geh nach draußen«, sagt er.

Er bindet sich einen warmen Schal um, zieht Mütze und Handschuhe an und läuft hinaus ins Schnee-treiben.

Einen Plan hat er nicht. Er holt sich eine Schnee-schaufel und fängt an, Schnee zu schippen.

Am Nachmittag hat der Weihnachtsmann genug gelesen. Und das Eichhörnchen jede Menge gebastelt.

»Wollen wir raus zum Fuchs?«, fragt das Eichhörnchen.

»Eine sehr gute Idee! Gehen wir und schauen mal, was er so treibt.«

Doch als die beiden draußen vor dem Häuschen stehen, sehen sie keinen Fuchs. Weit und breit nur Schnee.

Aber eine Spur entdecken sie. Eine Schneeschaufelspur. Sie folgen ihr ums Haus herum.

Und erblicken einen großen Schneehaufen – aber immer noch keinen Fuchs.

Das Eichhörnchen läuft los. Über den Schneehügel drüber.

Und ist verschwunden.

Erstaunt eilt der Weihnachtsmann hinterher – und was entdeckt er?

Einen kleinen Eingang! Der Schneehaufen ist ein Iglu!

Der Weihnachtsmann quetscht sich durch die Öffnung.

Und im Inneren des Iglus entdeckt er den Fuchs!

»Unglaublich, Fuchs! Das Iglu ist toll! Du bist ja ein richtiger Baumeister!«

Stolz erzählt der Fuchs, wie er den Schnee mit der Schippe zu Würfeln geklopft und diese aufeinandergestapelt hat. Und das klingt kein bisschen langweilig!

Der Weihnachtsmann eilt noch mal ins Haus, um eine Thermosflasche mit Kakao und ein paar Decken zu holen.

Und dann verbringen sie einen heimeligen Nachmittag im coolen Iglu.

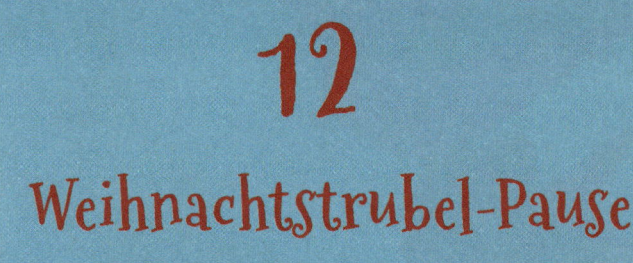

12
Weihnachtstrubel-Pause

Oje, vollkommen verschlafen und mit zu Berge stehenden Haaren
fällt der Weihnachtsmann am nächsten Morgen fast aus dem Bett.

»Was für eine Nacht!«, stöhnt er. »Musste der Fuchs unbedingt den Vollmond
anheulen und uns alle wach halten? Das Geheule war ja nicht auszuhalten!
Für wen hält er sich eigentlich, für einen Wolf? Kaum ein Auge hab ich zugetan«,
murmelt er.

Nun erst einmal Zähne putzen, waschen und anziehen.

Mit halb geschlossenen Augen schlurft der Weihnachtsmann ins Bad und
spritzt sich ein bisschen Wasser ins Gesicht.

Wieder im Schlafzimmer, versucht er, sich anzuziehen.
Er durchwühlt den Kleiderhaufen neben seinem Bett.
»Wo ist denn nur meine Unterhose? Und wo der Gürtel?«
Er wurschtelt, zieht, zerrt und wundert sich, dass heute nichts
so richtig passt.
Müde trottet er die Treppe hinunter.

Eichhörnchen und Fuchs sind auch noch ganz verschlafen.
Doch als sie den Weihnachtsmann erblicken, sind sie
auf der Stelle wach. Und können nicht mehr aufhören
zu lachen.

»Was ist denn so lustig?«, wundert sich der Weihnachtsmann. »Ich bin hunde-müde! Dabei habe ich so viel zu erledigen: Geschenke verpacken, aufräumen, Weihnachtsbeleuchtung anbringen … Herrje, ich darf gar nicht dran denken«, knurrt er, während er das Frühstück zubereitet.

Der Weihnachtsmann ist so verschlafen, dass er gar nicht merkt, dass Orangensaft statt Milch im Kaffee landet, Obst auf dem Butterbrot und Käsewürfel im Müsli.

»Dann denk nicht dran«, meint der Fuchs. »Lass uns doch einfach etwas anderes machen, zum Beispiel: Schlitten fahren.«

»O ja, Schlitten fahren!«, ruft das Eichhörnchen begeistert.

Der Weihnachtsmann trinkt einen Schluck Kaffee. »Bäähhh!« Er schüttet die Tasse in den Ausguss und denkt nach. »Von mir aus«, brummt er dann.

Er ist viel zu dösig. Heute würde ihm keine seiner Erledigungen gelingen, da ist er sich sicher. Da geht er doch lieber Schlitten fahren.

Nachdem der Weihnachtsmann, mit Hilfe von Eichhörnchen und Fuchs, ein neues Müsli zubereitet hat, machen sie sich auf den Weg zur Hügelkuppe.

So schön gerodelt und gesaust sind sie schon lange nicht mehr. Sogar das Rentier fährt mit. Da sind all die Erledigungen, die Müdigkeit und der Ärger schnell vergessen. Das macht großen Spaß! Und herrlich rote Bäckchen.

13

Bäriger Winter-Geburtstag

Nach dem Frühstück schlurft der Weihnachtsmann, wie jeden Morgen, erst einmal zum Briefkasten, um die Post zu holen. *Vielleicht ist eine hübsche Weihnachtskarte dabei,* überlegt er.

Im Briefkasten liegt zwar keine Weihnachtskarte, aber ein bunt bemalter Briefumschlag. Eine Einladung!

»Der Bär hat Geburtstag und lädt herzlich ein«, verkündet der Weihnachtsmann fröhlich, als er mit der Karte in der Hand die Stube betritt.

»Oje«, meint der Fuchs, »wir haben noch gar kein Geburtstagsgeschenk!«

»Richtig. Worüber könnte sich der Bär nur freuen?«, grübelt der Weihnachtsmann. »Was meint ihr?«

»Über einen selbst gestrickten Pulli«, ruft das Eichhörnchen.

Der Weihnachtsmann fühlt sich geschmeichelt und lacht: »Das schaffe ich so schnell leider nicht, bei der Größe und dem dicken Bärenbauch.«

»Wie wäre es mit einem großen Topf Honig aus der Vorratskammer? Oder einem Imkerhut für den Sommer? Oder mit einer Angel?«, schlägt der Fuchs vor.

»Oder wir backen einen Kuchen. Eine riesige Schokoladentorte mit Kerzen und Herzen und allem Pipapo obendrauf?« Das Eichhörnchen ist begeistert.

»Hmm, ich weiß nicht … Ich bin noch nicht überzeugt.« Der Weihnachtsmann krault sich den Bart.

»Ich hab's!«, ruft er plötzlich hocherfreut. »Es ist noch nicht lange her, da hatte der Bär einen mordsmäßigen Spaß. Erinnert ihr euch?«

Na klar erinnern sich Eichhörnchen und Fuchs! Das ist eine tolle Idee!

Und während der Weihnachtsmann sich um das Geschenk kümmert, basteln Fuchs und Eichhörnchen lustige Weihnachtshüte aus Papier für die ganze Geburtstagsgesellschaft. Denn ein Geburtstag so kurz vor Weihnachten muss doch ein bisschen weihnachtlich sein!

Anschließend packen sie das Geschenk hübsch ein. Mit großen Schleifen und schwebenden Luftballons.

Ein Geschenkanhänger darf natürlich auch nicht fehlen. Und auf dem Kärtchen steht, vom Weihnachtsmann in schönster Schrift geschrieben: *Alles Gute zum Geburtstag, lieber Bär! Wir wünschen dir mit diesem Geschenk ganz viel Spaß und einen guten Rutsch!*

Dann stiefeln sie los.

Als sie ankommen, sind schon viele Gäste da.

Ganz zauberhaft ist es beim Bären daheim. Es ist warm und behaglich, alles ist geschmückt, Kerzen leuchten, und auf dem Tisch stehen allerhand Leckereien.

»Willkommen!«, brummt der Bär voller Freude, als er die drei erblickt.

Weihnachtsmann, Eichhörnchen und Fuchs gratulieren und über-
reichen ihr Geschenk. Ganz gespannt blicken sie den Bären an.

»O danke!«, freut sich dieser und versucht zu erraten, was in dem Päckchen
drin sein könnte. Er schnuppert, drückt ganz vorsichtig, schüttelt, horcht –
aber er kommt nicht dahinter.

Schließlich zieht er am Band, öffnet das Papier und erblickt »Gleitschuhe!
Was für eine geniale Idee!« Der Bär freut sich wie ein Schneekönig. Und die drei
Freunde versinken in einer stürmischen Bärenumarmung.

Der Bär schnallt sich die Gleitschuhe sofort an, stapft damit durch die Hütte,
und es sieht nicht so aus, als würde er sie jemals wieder ausziehen.

Und dann wird gefeiert: mit fröhlichem Gesang, Winterpunsch und jeder
Menge Torte – mit Kerzen und Herzen und allem Pipapo obendrauf – und natürlich mit lustigen Weihnachtshüten.

14
Gesangsstunde – dabei sein ist alles!

»Heute wird aber endlich mal Singen geübt«, sagt der Weihnachtsmann mit wichtiger Miene, »damit das auch schön klingt an Heiligabend.«

»Auch das noch«, nörgelt der Fuchs. Er hat überhaupt keine Lust. »Ich kann nicht singen, ich treffe nie die richtige Note.«

»Doch, doch, das wird schon«, meint der Weihnachtsmann fröhlich. »Welches Weihnachtslied wollt ihr singen?«

»O Tannenbaum!«, ruft das Eichhörnchen sofort. Schließlich hat ihr Baum ein Liedchen verdient!

»Wenn du nicht singen magst, spiel doch ein Instrument«, schlägt der Weihnachtsmann an den Fuchs gewandt vor. Er geht zu der alten Kommode und holt eine kleine Glocke, eine Triangel und ein Tamburin hervor.

»Dann nehme ich das Tamburin«, entscheidet der Fuchs.

Das Eichhörnchen hat sich unterdessen feierlich unter dem Weihnachtsbaum in Position gebracht.

Nun kann endlich angestimmt werden. Mit Schwung und Hingabe wird laut getrommelt und noch lauter gesungen.

>»O Tannenbaum, o Tannenbaum,
>
>ööhhh ... wie hübsch sind deine Äste.
>
>Bist nicht geschmückt ... äähhh ... zur Sommerzeit,
>
>doch dafür nuuun, hat es geschneit.
>
>O Tannenbaum, o Tannenbaum,
>
>wie hübsch sind deine Äste.«

Plötzlich klatscht jemand sehr begeistert. Direkt vor dem Fenster.

Das Rentier steht draußen und ist voll des Lobes: »Bravo!«, ruft es. »Zu-ga-be! Zu-ga-be! Das war ja viel besser als das Original!«

Der Weihnachtsmann, der Fuchs und das Eichhörnchen sind stolz, drehen sich nach dem Rentier um und stimmen hochmotiviert noch eine weitere Strophe an:

»O Tannenbaum, o Tannenbaum,
du bist so herrlich anzuschauen.
Du blinkst und glänzt in … äähhh … unsrem Heim
und das nicht nur im … ööhhh … Mondenschein.
O Tannenbaum, o Tannenbaum,
du bist so herrlich anzuschauen.«

Und nachdem so schön geübt wurde, steht dem Weihnachtssingen
an Heiligabend nichts mehr im Wege.

15

Unerwarteter Besuch in stürmischer Nacht

Huhuuuu ... Heute Abend ist es ziemlich unheimlich da draußen. Es ist stockfinster. Der Wind tobt um das kleine, schiefe Haus, als wollte er das Dach abheben.

Fuchs und Eichhörnchen sitzen am Ofen eng aneinandergekuschelt und lauschen den Weihnachtsgeschichten, die der Weihnachtsmann vorliest, nur mit halbem Ohr. Sie horchen auf die Geräusche von draußen.

»Das war die letzte Geschichte, Schlafenszeit!«, verkündet der Weihnachtsmann, doch die beiden rühren sich nicht vom Fleck. Sie wollen genau da bleiben, wo sie sind, ganz nah beim Weihnachtsmann.

Plötzlich ertönt ein lautes Klopfen.

Wer um alles in der Welt kann das sein, zu so später Stunde?

Das Klopfen wird immer lauter.

Zack! Haben sich Eichhörnchen und Fuchs unter dem Sessel versteckt. Ängstlich lugen sie darunter hervor.

Der Weihnachtsmann geht an die Tür. Öffnet sie. Schaut nach rechts, schaut nach links. Da ist niemand, weit und breit. Keine Fußspuren. Nichts.

»Ihr könnt hervorkommen«, sagt er, als er wieder in der Stube steht. »Da ist niemand.«

Zögerlich kriechen die beiden Tiere aus ihrem Versteck.

KLOPF! KLOPF! KLOPF!

Da, schon wieder! Lauter und eindringlicher als zuvor!

Ratzfatz sind Eichhörnchen und Fuchs wieder unter dem Sessel verschwunden.

Erneut schlurft der Weihnachtsmann zur Haustür. »Ist da jemand?«

Keine Antwort. Schweigen im Walde. Nur der Wind heult und rüttelt an den Bäumen.

»Na so was, will uns da jemand veräppeln?«, fragt der Weihnachtsmann verärgert und schließt die Tür. »Davon lassen wir uns aber ganz bestimmt nicht den gemütlichen Abend verderben!«

Doch was hören sie da? Ein Knirschen im Schnee, ein Stöhnen, ein Jammern – eine dunkle Gestalt am Fenster!

Schnurstracks rennt der Weihnachtsmann wieder zur Tür und reißt sie auf.

Vor dem Haus steht ein großer dunkler Schatten.

Es ist das Rentier!

Laut gähnend fragt es: »Kann mal jemand den Fensterladen im oberen Stock schließen? Bei dem Geklapper und Geklopfe kann ja kein Rentier schlafen!«

Es gähnt noch einmal ein großes Gähnen und schlurft zurück in den Stall.

»Puhhh.« Eichhörnchen und Fuchs sind sehr erleichtert.

Das unheimliche Klopfen war bloß ein klappernder Fensterladen!

Allein schlafen wollen die beiden heute trotzdem nicht, bei dem Sturm. Das steht mal fest. Und so holen sie Kissen und Decken herbei und machen sich gemeinsam mit dem Weihnachtsmann ein richtig gemütliches Schlaflager vor dem Ofen.

16

Wunschzettel-Zeit

»Wird es nicht langsam Zeit für den Wunschzettel?«, überlegt der Weihnachtsmann laut.

»O ja«, freut sich das Eichhörnchen, das liebend gerne malt und jede Menge Wünsche hat. Ob die überhaupt alle auf ein einziges Blatt passen?

Der Weihnachtsmann holt Papier und die Kiste mit den bunten Stiften.

Der Fuchs zögert. »Ich kann nicht besonders gut malen.«

»Du musst nicht alles malen, du kannst auch Bilder ausschneiden und sie aufkleben.« Der Weihnachtsmann reicht dem Fuchs einen Stapel Spielzeug-Kataloge.

Nun wird eifrig geschnippelt, geklebt und gemalt. Auch der Fuchs greift nach vielem Geklebe noch zu den schönen bunten Stiften.

Irgendwann schielt das Eichhörnchen zu ihm herüber.
»Was hast du da neben die Schaufel gemalt?«,
fragt es neugierig.
»Das ist doch klar«, antwortet der Fuchs.
»Mmh ...«, das Eichhörnchen überlegt.
Der Weihnachtsmann nimmt sich den Zettel.
»Zeig mal her«, sagt er. »Das sieht ja großartig aus!
Das ist eine ... äh ... also ... ein ... na ja ... bestimmt ist das ...
ein Puppenwagen?«

»Nein, das ist eine Schubkarre.
Damit ich bei meiner nächsten Iglu-
Bau-Aktion besser ausgerüstet bin!«,
antwortet der Fuchs.

»Und was wünschst du dir,
Eichhörnchen?«, erkundigt sich
der Weihnachtsmann.

»Einen Nussknacker! Und außerdem
jede Menge Nüsse! Ein paar neue Handschuhe,
eine Mütze und sehr viele Bücher!«

Nun ist der Weihnachtsmann dran, seinen Wunschzettel herzuzeigen.

Der Fuchs runzelt die Stirn: »Da sind ja NUR Sterne drauf! Was ist das denn?«

»NUR? Was heißt denn NUR? Ich wünsche mir einen Zauber!«, erklärt der
Weihnachtsmann.

»Was denn für einen Zauber?«, fragt das Eichhörnchen interessiert.

»Das werdet ihr schon sehen, wenn mein Wunsch an Heiligabend in Erfüllung
geht!«

»Pffff«, macht der Fuchs ungläubig.

»Zauber gibt es, ganz bestimmt! Aber man muss natürlich dran glauben!«,
schmunzelt der Weihnachtsmann.

Ein echtes Weihnachtswunder? Nun können Eichhörnchen und Fuchs es kaum
noch erwarten, dass endlich Weihnachten ist!

Nachdem sie alle ihre Wünsche aufs Papier gebracht haben, werden die
Wunschzettel zusammengerollt, mit einer hübschen Schleife umwickelt und auf
die Fensterbank gelegt. Und dann beginnt das große Warten …

17
Sti-i-lle Nacht

Aus dem Radio dudeln überlaut und ununterbrochen Weihnachtslieder. Eichhörnchen und Fuchs haben Spaß und tanzen wild durchs Haus.

Der Weihnachtsmann sitzt auf dem Sofa und hätte gerne ein bisschen Ruhe. Aber das scheint heute nicht möglich. Das Getobe bringt ihn ganz durcheinander.

Schon wieder ertönt aus dem Radio: *Am Weihnachtsbaume die Lichter brennen*, gefolgt von *Stille Nacht* …

71

»HAAALLLOOO, heißt es nicht STILLE NACHT?«, ruft der
Weihnachtsmann und versucht, den Krach zu übertönen. Eichhörnchen und Fuchs gucken ihn erstaunt an.

»Tut mir leid, mir ist das einfach zu viel. Wollen wir mal an die
frische Luft? Wie wäre es mit einer Entdeckungstour durch den
Wald? Und hinterher Lebkuchen und Tee?«

Begeistert sind Fuchs und Eichhörnchen nicht. Was soll es
im Wald zu entdecken geben? Aber Lebkuchen und Tee
klingt wunderbar.

Also ziehen sie sich warm an und schlurfen hinter dem
Weihnachtsmann aus dem Haus, den Hügel hinunter, am
Weiher vorbei, in den Wald hinein.

Bäume und Sträucher liegen unter einer dicken, glitzernden Schneeschicht.

Der Weihnachtsmann lächelt beseelt. »Ist das nicht zauberhaft? Was für eine Ruhe, welch herrliche Stille.«

Ganz schön öde, diese Stille, denkt der Fuchs.

Langweilig ruhig, denkt das Eichhörnchen.

Sie stapfen weiter durch den hohen Schnee.

Da wispert der Weihnachtsmann: »Hört ihr das Knirschen eurer Schritte im Schnee? Und – DA! – das Heulen der Eule?«

Eichhörnchen und Fuchs lauschen.

»Ja«, flüstert das Eichhörnchen. »Und ich höre das Knacken eines Astes.«

»Und ich das Scharren eines Tieres«, haucht der Fuchs.

Gespannt hören sie in den Wald hinein und finden den Spaziergang plötzlich gar nicht mehr eintönig und trist.

Sie entdecken glitzernde Eiszapfen an einem Ast, Spuren von kleinen Vogelfüßen im frischen Schnee und beobachten den Mond, der zwischen den verschneiten Baumwipfeln hervorblitzt.

Als sie, nach einem langen Spaziergang, wieder nach Hause kommen, zündet der Weihnachtsmann ein Feuer im Ofen an. Serviert wie versprochen Tee und Lebkuchen und lässt sich auf dem Ohrensessel nieder.

»Was für ein schöner Nachmittag«, murmelt er. »Schöner hätte er nicht sein können!«

Eichhörnchen und Fuchs springen auf seinen Schoß und kuscheln sich bei ihm ein.

Und sie denken dasselbe: *Schöner hätte er nicht sein können!*

18

Umwerfende Hausbeleuchtung

»Können wir heute mal was Umwerfendes machen?«, fragt der Fuchs.
»Was richtig Großartiges?«

»Sehr gute Idee«, sagt der Weihnachtsmann. »Ich weiß auch schon was.
Wir bringen die Weihnachtsbeleuchtung am Haus an!«

»Das soll großartig sein?«, mault der Fuchs.

»Wart´s nur ab! Wo sind denn nur die Lichterketten?«
Der Weihnachtsmann ist schon mittendrin in der Vorbereitung.
»Ah ja, auf dem Dachboden, jetzt fällt
es mir wieder ein. Dann mal los!«

»Och nööö ... Draußen ist es kalt
und nass, brrrr.«

Aber der Weihnachtsmann ist nicht
zu stoppen. »Zuerst holen wir die
Lichterketten vom Dachboden und
dann die Leiter aus dem Schuppen!«

Auf dem Dachboden ist es sehr spannend. Sie entdecken ungeheure Mengen
an Krimskrams der letzten Jahre.

»Was man alles so aufbewahrt. Wann soll DAS jemals wieder zum Einsatz kommen?«, stöhnt der Weihnachtsmann.

»Am besten sofort!«, meint der Fuchs. »Ein aufblasbarer Schneemann! Oh, ein Glitzerengel – der kommt aufs Dach! Ein Deko-Schlitten!«

»Und guck mal, jede Menge blinkende Rentiere!«, ruft das Eichhörnchen aufgeregt.

Sie wollen am liebsten gleich alles nach unten tragen.

»Nein, nein, nein«, sagt der Weihnachtsmann. »Dieses Jahr dekorieren wir schlicht. Wir nehmen nur die Lichterketten.«

Wie öde! Eichhörnchen und Fuchs sind enttäuscht. Aber der Weihnachtsmann ist schon mit dem Karton Lichterketten auf dem Weg nach draußen.

Er holt die Leiter aus dem Schuppen, stellt sie an die Dachrinne und macht sich daran, die Lichterketten zu entwirren. Er zieht und zerrt, doch ohne Erfolg. »So ein Kuddelmuddel! Ihr verflixten Lichterketten, wollt ihr euch wohl entknoten lassen!«

Langsam geht im die Geduld aus.

»Dann eben verknotet!«, schimpft er und hievt das Lichterketten-Durcheinander die Leiter hinauf. Immer wilder hantiert er herum. Und die Leiter gerät ins Wanken.

Der Fuchs hat es kommen sehen, das Eichhörnchen hält sich schnell die Augen zu.

Und der Weihnachtsmann kippt mitsamt der Leiter und den Lichterketten in den hohen Schnee. »Aua!«, stöhnt er.

»Weihnachtsmann!« Fuchs und Eichhörnchen eilen zu Hilfe. »Tut dir was weh?«

»Nur mein Fuß, so ein Mist! Besser, ich hüpfe rein und kühle ihn. Entwirrt ihr doch die Lichterketten und wartet dann auf mich.«

Nachdem der Weihnachtsmann seinen Fuß eine Weile geschont hat, humpelt er langsam und etwas unbeholfen nach draußen, um nach Eichhörnchen und Fuchs zu schauen.

Als er vor dem Haus steht, fällt er beinahe wieder
in den Schnee.

»Heiliger Bimbam!« Mit großen Augen schaut
er zu dem riesigen aufgeblasenen Schneemann,
dem Glitzerengel, den Lichterketten
und dem Deko-Schlitten.

Eichhörnchen und Fuchs müssen kichern.
Und finden, dass das ein wirklich
großartiger Tag war!

19
Plätzchen-Memo

»Heute habe ich großen Appetit auf Plätzchen. Wollen wir Plätzchen-Memo spielen?«, fragt der Weihnachtsmann.

»O ja!«, rufen Fuchs und Eichhörnchen, obwohl sie gar nicht wissen, was ein Plätzchen-Memo ist. Aber es klingt auf jeden Fall lecker.

»Ich erkläre euch mal, wie das funktioniert«, sagt der Weihnachtsmann. »Erst einmal backen wir Butterplätzchen, die sind am einfachsten. Und wenn sie fertig gebacken sind, verzieren wir sie. Mit bunten oder silbernen Perlen, mit Schoko-guss und Streuseln oder Puderzucker, eben mit weihnachtlichem Allerlei, wo-nach uns gerade der Sinn steht. Wichtig aber ist, dass immer ZWEI Kekse GENAU gleich aussehen!« Der Weihnachtsmann hält zwei Finger hoch.

»Anschließend legen wir die Pärchen auf den Tisch. Dann stülpen wir Pappbecher darüber und schieben sie hin und her. Damit niemand weiß, welches Plätzchen wo liegt. Und dann kann's losgehen. Wer zwei gleiche Plätzchen unter den Bechern findet, darf sich das Pärchen nehmen. Alles klar?« Der Weihnachtsmann schaut Fuchs und Eichhörnchen an. »Oder soll ich's noch mal erklären?«

»Schon verstanden, ich gewinne im Nullkommanix«, verkündet der Fuchs.

»Abwarten«, meint das Eichhörnchen. Im Verstecken und Wiederfinden kennt es sich schließlich besonders gut aus, also ist es klar im Vorteil.

Eifrig laufen sie in die Küche und tragen alle Zutaten für den Teig zusammen. Im Handumdrehen sind die Butterplätzchen ausgestochen, gebacken und aus dem Ofen.

Wie das duftet! Ganz köstlich! Herzchen, Sterne, Monde und Tannenbäume liegen auf dem Blech.

»Juhu, jetzt geht es ans Dekorieren!«, freuen sich Eichhörnchen und Fuchs.

Auch der Weihnachtsmann hat jede Menge Ideen, wie er die Kekse besonders schön verzieren möchte.

Nun wird beträufelt, eingepinselt, und nach und nach werden alle Plätzchen mit Zuckerleckereien versehen.

Der Weihnachtsmann kann bei dem Anblick nicht widerstehen und stibitzt schnell einen ganz besonders schönen Schokostern.

»Hey, Weihnachtsmann, nicht naschen!«, ruft das Eichhörnchen und schnappt sich ebenfalls ein Plätzchen. Einen Mond mit Puderzuckerguss und bunten Streuseln.

Das sieht der Fuchs und will nun auch probieren. Er mopst sich einen Tannenbaum mit Zuckerperlen. Und weil der so unübertrefflich lecker schmeckt, nimmt er gleich noch einen.

»Pfoten weg!«, ruft das Eichhörnchen und langt nach einem Herzchen.

Auch der Weihnachtsmann verdrückt mir nichts, dir nichts noch ein paar Plätzchen.

Die drei hören erst auf, als vor ihnen auf dem Blech nur noch Krümel liegen. Erschrocken schauen sich die Freunde an.

»Was wird nun aus unserem Memo-Spiel?«, fragt das Eichhörnchen.

»Ach, halb so wild!« Der Weihnachtsmann lacht. »Dann puzzeln wir eben! In der Kommode liegt noch ein ganz neues Eisbären-Puzzle.«

Und dann puzzeln sie gemeinsam und gemütlich den ganzen Nachmittag. Und dazu gibt es Kakao. Den kann man nämlich auch ganz wunderbar hinterher trinken, also nach den Plätzchen – und nicht dazu.

20
Großer Weihnachtsputz

Der Weihnachtsmann steht ratlos in der Küche.
Eigentlich will er Mittagessen kochen. Aber dafür
ist gar kein Platz. Überall liegt oder steht etwas herum.
Dreckiges Geschirr, Gemüsereste vom Abend zuvor,
Spielzeug auf und unter dem Tisch, Bücher und Zeitungen
auf den Stühlen.

   »Heute ist großer Weihnachtsputz«, ordnet er mit ent-
schiedener Miene an. »Allerhöchste Eisenbahn, man findet
ja überhaupt nichts mehr!«

»Wieso, wonach suchst du denn, Weihnachtsmann?«, will der Fuchs wissen.

Übellaunig antwortet der Weihnachtsmann: »Nach allem und nach nichts! Wir schaffen jetzt Ordnung!«

»Ach, es ist doch gemütlich so, wie es ist«, erwidert das Eichhörnchen.

»Ich möchte aber die Dinge finden, wenn ich sie brauche, außerdem will ich in der Küche auch mal wieder kochen können. Und es soll schön festlich zu Weihnachten sein.« Der Weihnachtsmann schiebt die Malsachen auf dem Tisch beiseite und sammelt die Teller vom Frühstück ein.

»Aua!«, brüllt er, als er auf einen Baustein tritt.

Eichhörnchen und Fuchs haben absolut keine Lust, aufzuräumen. Aber als sie sehen, wie der Weihnachtsmann sich seinen schmerzenden Fuß reibt, verstehen sie, dass es mit dem Durcheinander so nicht weitergeht.

»Wenn wir fertig sind, gibt es einen leckeren Weihnachtspudding. Was meint ihr?«

Das klingt tatsächlich nicht schlecht.

Der Fuchs schnappt sich den Besen, das Eichhörnchen die Kehrschaufel, und der Weihnachtsmann holt den Staubsauger hervor. Sie fegen, sie räumen, wischen und wienern. Sie kriechen in die hintersten Ecken.

Unter dem Kleiderschrank im Flur entdeckt der Fuchs ganz unerwartet einen alten Holz-Ski.

»Schaut mal«, ruft er begeistert, »was ich gefunden habe!«

»Ah, da ist er ja, der zweite Ski«, freut sich der Weihnachtsmann. »Den suche ich schon seit ewigen Zeiten. Der andere steht im Schuppen. Da hat sich der Weihnachtsputz doch schon gelohnt.« Er strahlt.

»Oh, können wir Ski fahren üben, wenn wir fertig sind mit dem Aufräumen?«, fragt das Eichhörnchen.

»Na klar, das machen wir!«, der Weihnachtsmann findet das eine Spitzenidee.

Ruckzuck sind sie mit dem Aufräumen fertig und erklimmen, warm eingepackt, den Hügel hinter dem Haus.

Der Weihnachtsmann schnallt sich die Skier als Erster unter die Schuhe und rast den Hang in Topform hinab.

Das hätten Eichhörnchen und Fuchs ihm gar nicht zugetraut! *Boah!* Sie staunen.

Und dann bringt er den beiden das Skilaufen bei.

Was für ein Spaß! Sie jubeln. Und nach ein paar
Bruchlandungen, Purzelbäumen und Ski-Verhakelungen
brettern sie abwechselnd die Piste hinunter. Bis der
Weihnachtsmann zum Weihnachtspudding hereinruft.
Was für ein fabelhafter Weihnachtsputz-Tag!

21

Geniale Verpackerei

»Irgendwas fehlt immer«, grummelt der Weihnachtsmann. »Wo sind denn das Geschenkpapier und die Folie vom letzten Jahr? Ich habe schon überall gesucht. Was mache ich nur mit den ganzen Geschenken, die ich an Heiligabend ausliefern muss? Die können doch nicht unverpackt bleiben!«

»Es gibt doch ganz viele andere Möglichkeiten, Geschenke zu verpacken. Auch ohne Glitzerfolie«, sagt das Eichhörnchen.

»Ach, wie denn zum Beispiel?«, fragt der Weihnachtsmann zweifelnd.

»Wir können Zeitungspapier und Packpapier verwenden. Oder gewellten Karton«, schlägt das Eichhörnchen vor. »Stoff ist auch prima. Alles nett umwickeln oder in Socken stecken. Und dann noch ein bisschen verzieren: zum Beispiel Tannenzapfen an die Geschenke hängen, ein bisschen Tannengrün dazu und alles mit einer Kordel hübsch festbinden.«

»Kartoffeldruck geht auch«, schlägt der Fuchs vor. »Das ist erstklassig! Mit einer halben Kartoffel und Farbe Bilder aufs Papier drucken. Das macht echt Spaß! Und ist doch auch viel schöner als Folie.«

Das Eichhörnchen hat noch eine weitere Idee: »Wir könnten auch Säckchen schnüren.«

Der Weihnachtsmann überlegt, aber eigentlich klingt es ziemlich genial, was Fuchs und Eichhörnchen da vorschlagen.

Der Fuchs sucht die dicksten Kartoffeln aus der Vorratskammer.
Und schleppt sie an den Tisch. Er braucht auch ein Messer,
um vorsichtig Motive in die Kartoffeln zu ritzen. Jetzt nur noch
Fingerfarbe, und dann wird gewerkelt und geschnitzt: Ein lustiges
Rentier mit drei Beinen und Schneemänner entstehen.

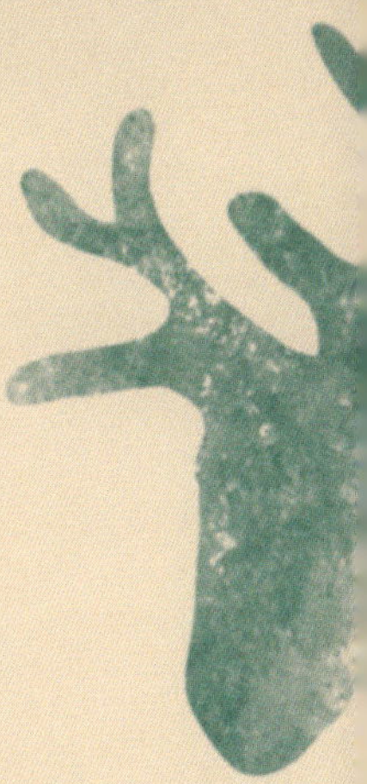

Das Eichhörnchen trägt unterdessen Tannenzapfen und -zweige herbei.

Und der Weihnachtsmann holt Kordel und Zeitungen, Wellpappe, Stoff und Socken.

Geduldig verpacken sie eine Vielzahl an Geschenken.

Erst als der Mond durchs Fenster scheint, sind sie fertig.

»Das sind die schönsten Geschenkverpackungen,
die ich jemals gesehen habe!«, sagt der Weihnachtsmann.
»Wer braucht da schon Geschenkpapier oder Folie!«

22

Die Weihnachtsgurke

»Kennt ihr eigentlich den Weihnachtsgurken-Brauch?«, fragt der Weihnachtsmann.

Erstaunt gucken Eichhörnchen und Fuchs ihn an. »Den WAS?«

»Na, den Weihnachtsgurken-Brauch.«

»Noch nie davon gehört«, antwortet das Eichhörnchen.

»Kenn ich auch nicht«, ergänzt der Fuchs.

»Man versteckt eine Weihnachtsgurke, und wer sie findet, bekommt ein zusätzliches Geschenk«, erklärt der Weihnachtsmann.

Oha, das klingt spannend! Eichhörnchen und Fuchs spitzen die Ohren!

»Und wie sieht so eine Gurke aus?«, fragt der Fuchs neugierig.

»Ich erzähle nicht zu viel, sonst ist es zu einfach. Ich sage nur: Sie ist grün, so groß wie eine eingelegte saure Gurke, und sie ist zerbrechlich.«

»Hmm«, überlegen die beiden, »dann ist sie vielleicht aus Glas ...?«

»Mehr verrate ich nicht«, antwortet der Weihnachtsmann.

Eichhörnchen und Fuchs sind Feuer und Flamme. »Die finden wir bestimmt!«

Und schon fangen sie an zu suchen. Zuerst in der Vorratskammer. Unter anderem steht da auch ein Glas mit Gurken, aber zerbrechlich sind die nicht. Die sind zum Essen gedacht.

Sie stöbern weiter. Auf dem Dachboden, in jedem Zimmer. Nichts. Keine Gurke. Nirgendwo.

»Ist sie vielleicht in der Scheune oder im Schuppen?«, wollen sie vom Weihnachtsmann wissen.

»Nein, nein, so viel kann ich verraten, sie ist hier im Haus.«

Fuchs und Eichhörnchen suchen weiter nach der Gurke,
sie schauen auf den Schränken, im Lampenschirm und unter
dem Teppich nach. Nichts. Keine Gurke.

»Puh.« Erschöpft sinken die beiden in den Ohrensessel.

Da rufen sie plötzlich gleichzeitig: »DA IST SIE!«

Und der Weihnachtsmann lacht. Ja, genau! Da hängt sie, vor ihren Nasen, mittendrin im geschmückten Tannenbaum. Ein Weihnachtsschmuck aus Glas in Form und Größe einer eingelegten Gurke.

Die Gurke schimmert in den schönsten Grüntönen. Und weil sie so schön grün ist, sieht man sie auf den ersten Blick im Weihnachtsbaum kaum.

»Ein weiteres Geschenk! Juhu, ein weiteres Geschenk!«, jubeln Fuchs und Eichhörnchen.

»Na klar! Für euch beide!«, verspricht der Weihnachtsmann. »Übermorgen, ihr werdet schon sehen.«

23

Generalprobe

»So, ihr lieben zwei. Es ist zwar schon spät«, meint der Weihnachtsmann am Abend, »aber das Rentier muss vor dem morgigen Heiligabend noch mal vor die Tür ... Generalprobe!«

»Ach nööö. Keine Lust«, stöhnen Eichhörnchen und Fuchs, die nicht wissen, was eine Generalprobe ist. Mit dem Rentier in der Dunkelheit durch den Schnee zu stapfen, klingt nicht sonderlich vielversprechend.

»Na kommt, ihr zwei«, sagt der Weihnachtsmann munter. »Im Wald hinter dem Haus gibt's auch eine Überraschung!«

Ganz langsam rutschen Fuchs und Eichhörnchen aus ihrem Ohrensessel.

Sie holen das Rentier aus dem Stall, dann machen sie sich auf den Weg. Der Mond scheint hell, und sie werfen lange Schatten auf dem harschen weißen Schnee. Es ist so kalt, dass man jeden Atemhauch in der Luft davonschweben sieht.

»Wann kommt denn endlich die Überraschung?«, drängeln Fuchs und Eichhörnchen.

»Nur noch bis zur Lichtung«, verspricht der Weihnachtsmann.

Als sie endlich auf der Lichtung ankommen und sich umschauen, sehen sie … NICHTS! Ringsherum nur eingeschneite Bäume und hier und da einen neugierigen kleinen Hasen oder ein Wildschwein, das sich hinter einer Tanne versteckt.

»Und wo ist jetzt die Überraschung?«, fragen die beiden enttäuscht.

»Na, wartet mal ab, ihr ungeduldigen Vierbeiner.« Schwungvoll hievt der Weihnachtsmann die beiden auf das Rentier. Zum Schluss steigt er selbst auf und ruft laut: »Ho, ho, ho!«

Und schon trabt das Rentier schnaubend los. Erst langsam, dann schneller und immer schneller! Ach du Schreck, schnurstracks auf die Tannen zu!

Doch dann, urplötzlich und in letzter Sekunde, hebt es leichtfüßig ab. Höher und höher steigt es, bis sie die Tannenwipfel erreicht haben. Sie schweben über die Bäume und sehen unter sich die unendliche Weite der Landschaft und vor sich den winterlichen Sternenhimmel.

Was für eine unfassbare Überraschung! Damit hatten Eichhörnchen und Fuchs nicht gerechnet. Genau, noch nicht mal der Fuchs, der ja schon eine Weile beim Weihnachtsmann wohnt.

»Weihnachtsmann, ist das himmlisch! Wieso durfte ich denn noch nie mitfliegen?«, fragt der kleine Fuchs.

»Na, weil du noch zu klein warst«, erklärt der Weihnachtsmann.

Am liebsten wollen Eichhörnchen und Fuchs ewig so dahingleiten. Aber nach ein paar Runden lenkt der Weihnachtsmann das Rentier wieder zurück.

»War das eine Generalprobe?«, fragt das Eichhörnchen, als sie wieder auf der Lichtung stehen.

Der Weihnachtsmann lacht. »Ja, das war eine Generalprobe. Die letzte Probe vor einem großen Auftritt. Und dieser ist für das Rentier morgen, an Heiligabend! Wenn wir auf unsere große Reise gehen.«

»Das war aber eine gelungene Probe!«, sind sich Eichhörnchen und Fuchs einig.

Und dann stürmen sie nach Hause, weil sie es kaum erwarten können, ins Bett zu kommen. Damit die Nacht ganz schnell vorbei und Heiligabend endlich da ist!

24
Heiligabend

Der Wecker klingelt. Der Weihnachtsmann schreckt hoch. Ist das früh, herrjemine! Es ist noch stockduster, aber er steht trotzdem auf.

Denn endlich ist es so weit: Heute ist der 24. Dezember, Heiligabend! Die Route ist geplant, die Geschenke sind gepackt und schon seit dem Abend zuvor auf dem großen Schlitten verschnürt.

Als Fuchs und Eichhörnchen aus ihrem Stockbett kriechen, ist der Weihnachtsmann längst bereit. Er steht mit dem Rentier im Schnee vor dem Haus und spannt es vor den Schlitten. »Guten Morgen, ihr Weihnachtswichtel. Heute ist der große Tag, jetzt geht es los!«

»Guten Morgen, Weihnachtsmann!«, murmelt das Eichhörnchen erstaunt. Ganz verschlafen steht es mit seiner Kuscheldecke da.

Der Fuchs ist auch noch nicht richtig wach. Mit seiner Wärmflasche in der Hand betrachtet er den riesigen Geschenkesack und hofft, dass der Weihnachtsmann seinen Wunsch nicht vergessen hat.

»Macht bloß keinen Unfug, bis ich wieder da bin!«, ermahnt der Weihnachtsmann die beiden noch.

Er klettert auf die Sitzbank seines roten Schlittens, ruft »Ho, ho, ho!«, und das Rentier weiß, was es zu tun hat.

Während sich der Schlitten in die Höhe hebt, werden Eichhörnchen und Fuchs immer kleiner.

Und für Fuchs und Eichhörnchen wird der Weihnachtsmann immer kleiner, bis er am Himmel schließlich nicht mehr zu sehen ist. Mit einem Mal sind sie hellwach. Sie haben noch so viel zu tun, ehe der Weihnachtsmann wiederkommt!

Als der Weihnachtsmann am Abend gut gelaunt nach seiner langen Reise zurückkehrt, sieht er schon aus der Luft, dass sein Häuschen hell erleuchtet ist. Und dass ganz schön viele Skier und Schlitten davorstehen.

Nanu! Sollte sich da etwa sein Wunsch erfüllen?

Drinnen erwarten ihn unzählige Gäste. Das Häuschen platzt fast aus den Nähten! Alle sind der Einladung von Fuchs und Eichhörnchen gefolgt.

»FROHE WEIHNACHTEN, WEIHNACHTSMANN!«, tönen sie lauthals, als er die Hütte betritt.

Der Weihnachtsmann strahlt über das ganze Gesicht.

Und dann wird es ein ziemlich lustiger Heiligabend. Es wird musiziert, krumm und schief, aber feierlich gesungen und lange und ausgiebig gegessen.

Und selbstverständlich hat der Weihnachtsmann die Geschenke für Fuchs und Eichhörnchen nicht vergessen. Dem Eichhörnchen überreicht er einen Nussknacker und unterschiedlichste Nüsse, alles schön verpackt in selbst bemalter Wellpappe, und der Fuchs bekommt eine knallgrüne Schubkarre mit Fahne.

Und auch ein zusätzliches Geschenk für die gefundene Weihnachtsgurke gibt es: für jeden einen Schoko-Nikolaus mit Knister-Schokolade.

Fuchs und Eichhörnchen sind selig.

»Was war denn eigentlich dein Sternen-Wunsch, lieber Weihnachtsmann?«, fragen sie neugierig.

»Na, ein großes Überraschungsfest mit all unseren Freunden! Das ist doch wahrer Zauber«, ruft der Weihnachtsmann heiter. »Seht ihr, Wünsche gehen in Erfüllung. Man muss nur dran glauben! Ganz fest!«

(Kopiervorlage)

Henrike Wilson, in Köln geboren, studierte dort und in den USA Grafikdesign und Malerei. Heute lebt sie als freie Autorin und Illustratorin in Berlin. Ihre Bücher wurden in zahlreiche Sprachen übersetzt und Kinder auf der ganzen Welt erfreuen sich daran. Sie hat die Bilderbücher vom *Kleinen Weihnachtsmann*, von der *Kleinen Schusselhexe* und vom *Schaf Charlotte* gezeichnet (alle Texte von Anu Stohner). Zudem illustrierte Henrike Wilson für Hanser Bücher von Rafik Schami, Jostein Gaarder und David Grossman, sowie zuletzt Annette Pehnts *Hieronymus oder Wie man wild wird* (2021) und Charlotte Indens *Dear Santa – Als der Weihnachtsmann plötzlich zurückschrieb* (2022). 2020 startete mit *Das kleine Nein-Schwein* als großformatiges Bilderbuch ihre neue Reihe rund um den Ferkel-Character. Es folgten die Pappbilderbücher *Ab in die Wanne, Ferkel!* (2021), *Ab ins Bett, Ferkel!* (2022), *Viel Spaß in der Kita, Ferkel!* (2022) und *Komm, Ferkel, wir gehen zur Ärztin!* (2023), gereimt von Katja Reider. Seit 2022 gibt es außerdem *Das kleine Nein-Schwein* auch als Pappbilderbuch.